DES

OPINIONS POLITIQUES

EN FRANCE.

IMPRIMERIE DE FIRMIN DIDOT FRÈRES,

RUE JACOB, N° 24.

DES

OPINIONS POLITIQUES

EN FRANCE,

DE LEURS FORCES RESPECTIVES, ET DU SORT QUI
LES ATTEND DANS UN PROCHAIN AVENIR;

PAR LE BARON MASSIAS,

ANCIEN CHARGÉ D'AFFAIRES DE FRANCE PRÈS LA COUR DE BADE,
RÉSIDENT, CONSUL-GÉNÉRAL A DANTZIG.

Nam quid sequar? aut quem? (HORACE.)
A quel parti, à quelle opinion m'attacher.

PRIX : 1 FR. 50 C.

A PARIS,

CHEZ FIRMIN DIDOT FRÈRES, LIBRAIRES,

RUE JACOB, N° 24;

ET CHEZ DENTU, LIBRAIRE,

AU PALAIS-ROYAL.

1832.

DES
OPINIONS POLITIQUES
EN FRANCE.

TABLEAU

Des abonnements aux principaux journaux politiques le 1ᵉʳ mars 1832.

	JOURNAUX.	ABONNÉS.	LECTEURS.
Constitutionnels.	Moniteur.............	2,800	En comptant dix lecteurs par abonnement, on a
	Journal de Paris.........	4,000	
	Nouvelliste.	1,600	
	Figaro.	1,100	
	Constitution de 1830.....	2,600	
	Débats.	12,000	
	Constitutionnel..........	16,500	
	Commerce.............	1,800	
	Temps...........	6,500	
	Messager.............	1,500	50,400 multipliés par 10.
Légitimist.	Gazette	9,000	
	Quotidienne.	4,500	
	Courrier de l'Europe.....	2,000	
	Le Revenant...........	700	
	Bridoison.	200	16,400 *idem.*
Républic. purs, Républic. américains.	Courrier français........	8,400	
	National..............	4,200	
	Tribune...............	1,100	
	Corsaire..............	900	
	Révolution.	1,100	16,300 *idem.*
	Totaux........ 20	82,100	810,100

Dans ce tableau, les diverses opinions politiques en France sont représentées par les abonnements que comptaient les principaux journaux le 1er mars 1832. Les mutations survenues n'étant que partielles et se compensant, changeront peu de chose à nos conclusions, si elles sont déduites avec exactitude. Nous pensons qu'on ne peut partir d'une donnée primitive plus approximative pour l'estimation de l'esprit des principales classes du pays, et ensuite par induction de la manière de penser des autres classes. On ne s'abonne guère en effet qu'aux journaux dont on partage les opinions, on ne lit guère que ceux-là. La restauration le savait si bien qu'elle jugeait jusqu'à quel degré l'on était bien ou mal pensant suivant qu'on recevait et qu'on lisait le *Constitutionnel*, les *Débats*, le *Courrier*, la *Gazette* ou la *Quotidienne*.

On objectera que plusieurs des journaux portés dans notre tableau, tels que le *Moniteur*, le *Journal de Paris*, le *Nouvelliste*, le *Figaro*, étant subventionnés par le ministère, ne prouvent rien touchant l'opinion de ceux qui les reçoivent. Nous répondrons que nous ignorons jusqu'à quel point est exacte l'assertion qu'on se permet contre eux; mais quelle qu'en soit la réalité, en politique les opinions sur lesquelles il y a le plus à compter sont celles qui ont pour base les intérêts. Or, les personnes qui reçoivent les journaux précités,

occupant pour la plupart des places dans le gouvernement, ne peuvent être regardées comme
ne voulant pas la Charte de 1830 à laquelle ils
doivent leur position sociale. Nous rétorque-
rons d'ailleurs l'objection, en disant que certains journaux de l'opposition sont bien cer-
tainement encouragés par les partisans de la
famille déchue et par l'étranger. Quant au
Constitutionnel, au *Temps*, au *Commerce* et au
Messager, bien qu'ils harcèlent sans cesse le
ministère, ils font une opposition de réforme
et non de révolution, et ils ne cherchent point
à renverser le trône de Louis-Philippe.

Supputons maintenant : Le nombre des
abonnés aux journaux qui veulent la Charte
de 1830 est à ceux qui veulent l'absolutisme
comme 49,400 est à 16,400. Ils sont à ceux
qui veulent la république comme 49,300 est
à 16,300. Mais le parti républicain étant, suivant toutes les apparences, disposé à se ranger
du côté de la Charte de 1830 plutôt que de voir
triompher les principes légitimistes, et le parti
légitimiste étant disposé à s'y rallier plutôt que
de voir le républicanisme triompher tout de
bon, il s'ensuit que la force des hommes dé-
voués à la Charte qui reçoivent les journaux
est au parti absolutiste comme 65,700 est à
16,400, et au parti républicain comme 65,800

est à 16,300. Notons que nous avons rangé le *Courrier*, qui compte 9,000 abonnés, parmi les journaux républicains, ce qui est vrai pour sa rédaction, mais qui n'empêche pas que les trois quarts de ses lecteurs ne soient favorables à la monarchie constitutionnelle. Nous allons suivre ces inductions dans les questions suivantes.

PREMIÈRE QUESTION. *Dans quelles classes de citoyens se trouvent les abonnés aux différents journaux ?*

Pour répondre à cette question, il est avant tout besoin de connaître les diverses fractions de la société française. Nous la divisons, en *indifférents, anarchistes, républicains purs, républicains - américains, républicains avec un roi-président, progressifs-imaginatifs, dynastiques, légitimistes à droit divin, politiques-doctrinaires*, enfin, *constitutionnels voulant le gouvernement des trois pouvoirs démocratique, aristocratique, royal, avec la plénitude des attributions qui appartiennent à chacun de ces pouvoirs.*

INDIFFÉRENTS. Par ce mot nous entendons les hommes apathiques, sans ame et sans ressort, qui n'ont d'autre affaire que de vivre, manger et dormir, pour qui l'ancien régime

vaut autant que le nouveau et le nouveau
autant que l'ancien ; sorte d'animaux domesti-
ques à qui toute étable est bonne, pourvu
qu'elle soit saine et bien fournie ; c'est pour
eux qu'a été fait l'adage : *ubi benè, ibi patria ;*
où l'on est bien, là est la patrie. Le nombre de
ces êtres, morts-vivants socialement, que n'ont
pu réveiller les secousses de tant de révolutions, est à peine de cinq cent mille, et l'es-
timer ainsi est plutôt l'exagérer que le dimi-
nuer. Il faut se garder de confondre ces égoïstes
avec l'immense portion des Français qui, ne
sachant ni lire ni écrire, ne prennent qu'une
part secondaire aux controverses politiques,
mais qui n'en ont pas moins pleinement adopté
les principes et les conséquences de la révolution de juillet. Nous nous occuperons spécia-
lement de cette classe de citoyens lorsque
nous aurons parcouru les autres catégories.

ANARCHISTES. Il y en a de trois sortes : par
position, par ambition, par spéculation. La
faim est un mauvais conseiller, elle empoi-
sonne les oreilles, non du pauvre qui ne demande que du travail, mais des indigents oisifs
qui jalousent la condition des classes fortunées
sans vouloir prendre les moyens honorables de
s'y élever, et chez qui les révolutions dont ils
ont été les témoins semblent légitimer l'espé-

rance qu'un nouveau tour de roue pourra les
placer au sommet. A ces hommes se rallient
par instinct tous ceux que les tribunaux ont
signalés à la méfiance et à l'animadversion de
leurs concitoyens; les uns et les autres se plai-
sent dans les grandes villes où ils ont la faci-
lité de cacher leurs manœuvres et leur triste
célébrité; je doute que le nombre en excède
quarante ou cinquante mille. Sur cette odieuse
milice comptent surtout les ambitieux qui ont
besoin de s'élever à tout prix, et ceux qui
spéculent sur un bouleversement général pour
faire triompher leur parti. Il est vrai de dire
qu'en cas de trouble et d'un commencement
de réussite, cette tourbe se grossirait des ambitieux subalternes, qui ne sont point en petit
nombre; ce qui doit exciter la vigilance des
bons citoyens et de la garde nationale, dont
l'attitude seule suffit pour contenir de telles
gens, vaincus d'avance par la conscience de
ce qu'ils sont, et pour les empêcher de faire
avec succès la moindre entreprise désorgani-
satrice.

RÉPUBLICAINS-PURS. Ce qui chez les précé-
dents est honte, misère, crime, est ici honneur
et générosité, mais poussés à l'excès. Ils n'ont
pas compris que la société n'étant constituée
que par l'unité d'idées et de sentiments des

individus qui la composent, elle réclame unité dans sa direction. Dupes de leurs premières admirations, éblouis par d'irréalisables utopies, ils n'ont pas assez analysé l'objet de leur culte. Ils veulent la république : mais quelle est celle qu'ils demandent? La démocratie turbulente d'Athènes avec l'esclavage? Le monarchisme spartiate avec des ilotes? La corruption du *forum* et la férocité romaine, toujours avec l'esclavage? L'anarchie organisée des démocraties du sud de l'Amérique? La morgue du patriciat suisse? La liberté de mourir que laissait la convention? La boue du directoire? L'épée de Bonaparte? Je doute que ces idées de démagogie confuse qui passent devant de jeunes imaginations comptent au-delà de trente mille partisans. La nature de leurs opinions est exclusive; pour eux, les Lafayette, les Laffitte, les Odilon Barrot, les Dupin ne sont pas assez purs. Je crains bien que le rigorisme de leurs principes ne soit ambition déguisée, car le républicanisme, lorsqu'il n'est pas dévouement sublime, n'est que haine de toute supériorité, amour effréné du pouvoir, ainsi que nous l'avons vu pour les plus rudes séides de Bonaparte, ci-devant républicains, ainsi qu'il l'avait été lui-même. Nous aussi nous le sommes, mais nous plaçons la république dans la communauté d'intérêts, et non dans l'administration de la France par l'universalité des citoyens.

RÉPUBLICAINS-AMÉRICAINS. Ils ont un peu perdu confiance dans leur dire, depuis qu'il leur a été démontré que le *gouvernement bon marché* n'était pas aussi bon marché qu'ils le prétendaient; que dans l'Amérique, ce pays classique de l'égalité, il y avait des EXCELLENCES qu'on ne pouvait se dispenser d'appeler par leur nom; que par la nature du climat et des institutions l'esclavage y était rendu endémique (1), et que le lien fédéral était sérieusement menacé par les protestations des États du Sud et par les doctrines de *l'annulation.* Ils ont résumé leurs doctrines dans la formule que voici : *Le pays gouverné par le pays;* belle chose! sauf qu'elle est impraticable. Bien que le succès d'une expérience tentée en petit soit loin de prouver pour le succès d'une expérience faite en grand, nous consentons à adopter leurs théories s'ils nous montrent une seule famille, mari, femme, filles et garçons

(1) Les émigrants qui vont s'y établir avec quelque chance de succès, emportent pour frais de premier établissement une somme destinée à l'achat de quatre esclaves. Au reste, dans un ouvrage sur *la Souveraineté du Peuple*, nous avons établi un parallèle entre la république représentative et la monarchie représentative.

se gouvernant collectivement; s'ils nous montrent un vaisseau, sous la direction de tout l'équipage, voguant à pleines voiles et entrant heureusement dans le port. Estimons à vingt mille les personnes qui professent cette opinion.

Républicains avec un roi-président. La monarchie a jeté de profondes racines dans le sol de la France, ainsi que dans le reste de l'Europe. Les novateurs ont compris qu'on ne pouvait rompre brusquement avec des opinions aussi tenaces et aussi générales; ils se sont donc résignés à la royauté. Mais pour concilier cette nécessité avec la rigueur des principes, ils sont convenus que le roi ne serait tel que de nom. La république amalgamée avec le trône, un roi-président, un roi sous la tutelle de chaque journaliste et de chaque citoyen, tel est le sens du mystérieux et invisible programme, inventé à l'insu de la France, et dont veulent lui imposer les commentaires les quarante mille adeptes qui les préconisent comme le merveilleux talisman qui doit faire cesser tous les maux et produire tous les biens.

Progressifs - imaginatifs. En avant! en avant! tel est le cri d'une nombreuse jeunesse qui ne songe pas qu'il faut aux institutions, ainsi qu'aux fruits, le temps de mûrir, et que, pour avancer avec sûreté, l'on ne porte un pied en avant qu'après avoir solidement posé l'autre à terre. Sacrificateurs imprudents! ils cherchent dans les entrailles de chaque révolution le germe d'une révolution nouvelle, espérant trouver enfin pour la société un bonheur sans mesure que ne comportent pas les facultés des individus dont elle est formée. Portons à deux cent mille ces enthousiastes, qui ne sont quelque chose que parce que leurs défauts sont ceux même du génie de notre nation. Savoir attendre est ce qu'il y a de plus difficile pour des Français.

DYNASTIQUES. Ils veulent un roi avec des lois fondamentales, le roi ayant néanmoins le pouvoir de les changer; phalange honorable qui ne veut vaincre que par la raison et qui débute par une contradiction; elle s'engage aussi à passer sous les drapeaux constitutionnels du moment que l'étranger prétendra se mêler de nos querelles. Je ne crois pas qu'on trouve en France au-delà de dix mille de ces monarchistes à principes, voulant la liberté avec un roi virtuellement despote.

ABSOLUTISTES A DROIT DIVIN. Ceux-ci forment le corps d'armée qui milite, ou plutôt qui dispute et intrigue pour la famille déchue. Là sont de grandes fortunes, d'anciennes races, de beaux talents, des illustrations méritées, quelques fortes convictions et beaucoup de convictions chancelantes. Les soldats qui marchent sous leurs ordres ont leurs antiques signes de ralliement, le trône et l'autel. Mais leur foi politique et religieuse ne jette plus que de faibles lueurs, elle s'éteint, si elle n'est éteinte. Nous l'avons vu lors du voyage de Charles X à Cherbourg, où pesa sur lui et sur sa famille une si accablante indifférence, et lors de l'échauffourée de la duchesse de Berri, dont les chevaliers se sont montrés moins comme ces Vendéens d'autrefois que comme une bande honteuse de héros de grand chemin. Ce parti pourrait concevoir quelque espérance de succès ayant pour lui les vœux de la papauté (1) et de la plupart des potentats de l'Europe, si ceux-ci n'étaient tenus en échec par les opinions de leurs peu-

(1) Voyez la *Lettre encyclique* de Grégoire XVI. — Au reste, il y reconnaît que la *nécessité des temps* peut apporter des modifications à la discipline de l'Église, et que *les principes des droits de la nature sont certains*. Cette dernière concession fait de Grégoire XVI, et nous l'en félicitons sincèrement, un véritable philosophe qui n'ignore pas que les *droits de la nature* sont un présent de Dieu.

ples qui forment en notre faveur un heureux contre-poids. L'idée que les hommes de ce parti invoquent en secret la protection de l'étranger, et qu'ils n'hésiteraient pas à acheter leur réhabilitation au prix de notre déshonneur, est ce qui les rend si odieux à la France. J'estime leur nombre à huit cent mille.

POLITIQUES - DOCTRINAIRES. Il ne s'agit pas dans cet article de doctrinaires à doctrines vraies, saines et utiles, mais des hommes habiles de tous les partis qui ont une conscience et une logique toutes prêtes pour le service du vainqueur quel qu'il soit, et qui sont, par état, les affectionnés serviteurs de la Charte de 1830, tant qu'elle pourra leur offrir la chance soit d'un ministère, soit d'un simple bureau de tabac. Ils ne se tiennent au-dessus ni au-dessous d'aucune place; ils sont comme une dette flottante que doit acquitter chaque administration pour l'honneur et le bonheur de la France. Je ne porte qu'à dix mille ces hommes qui semblent persuadés que la société n'existe que pour leur procurer des sinécures, des dignités et de l'argent.

CONSTITUTIONNELS VOULANT LE GOUVERNEMENT DES TROIS POUVOIRS DÉMOCRATIQUE, ARISTOCRATIQUE, ROYAL, AVEC LA PLÉNITUDE

DES ATTRIBUTIONS QUI APPARTIENNENT A CHA-
CUN DE CES POUVOIRS. Nous ne pourrons avoir
une évaluation un peu satisfaisante de cette
catégorie qu'autant que nous aurons dit quelles sont les classes qui s'abonnent aux journaux, celles qui les lisent, l'influence qu'elles
exercent sur les autres classes, et vers quelles
opinions inclinent naturellement celles-ci.

On ne peut admettre que les personnes
qui ont moins de 2,500 francs de rente an-
nuelle s'abonnent à un journal qui en coûte
quatre-vingts par an. Les abonnés sont donc
pris parmi ces personnes et parmi celles qui
jouissent d'une fortune supérieure, et dont le
nombre réuni s'élève à trois cent mille deux
cents, suivant les tableaux statistiques souvent
reproduits.

Ces trois cent mille deux cents se divisent
en deux parts à peu près égales, dont l'une
possède, par individu, quatre mille francs de
rente annuels, et l'autre possède, également
par individu, deux mille cinq cents francs de
rente annuels.

Ceux qui sont en tête des plus riches de
cette catégorie s'abonnent particulièrement
aux journaux légitimistes.

Ceux qui jouissent de deux mille cinq cents
francs de rente et un peu au-dessus, s'abon-

nent particulièrement aux journaux constitutionnels et républicains.

SECONDE QUESTION. *Quelle est l'influence des classes où sont les abonnés aux journaux, sur les autres classes?*

Nous diviserons en trois fractions ces dernières qui composent la presque totalité de la société française.

La première d'environ un million est formée d'individus dont chacun a à dépenser environ deux francs par jour.

La seconde est composée de quatre millions d'individus ayant environ un franc à dépenser journellement.

La troisième est composée de vingt-quatre millions d'individus ayant à dépenser un peu moins de dix sous par jour.

On doit admettre que la première de ces trois fractions composée d'environ un million d'individus sait lire et écrire, qu'il en est de même des quatre cinquièmes de la seconde composée de quatre millions, ainsi que des dix vingt-quatrièmes de la troisième, composée de vingt-quatre millions d'individus. Cette évaluation ne porte la population française qu'à trente millions d'individus, tandis qu'elle est effectivement de trente-trois millions, ce qui ne change rien à nos déductions, puisque, pour ces trois millions dont nous ne tenons pas compte, on peut établir les mêmes proportions d'instruction et de fortune que nous avons établies pour le reste de la population. En procédant ainsi notre dessein a été d'avoir des nombres ronds et des idées plus nettes sur un sujet aussi complexe.

Il est facile de juger que la catégorie des riches abonnés aux journaux légitimistes, loin d'avoir quelque empire sur les hommes à un peu plus de quatre mille francs de rente et au-dessous jusqu'à deux mille cinq cents francs, est au contraire en antagonisme avec eux. Ces derniers, formés par la lecture des livres du dix-huitième siècle et par la presse périodique libérale, les tiennent pour des hommes à préjugés dangereux ; ils sont leurs concurrents naturels, et au moyen de leur industrie et de leurs capitaux, ils tendent à occuper le sommet de l'échelle où les autres se trouvent. Nous avons une preuve frappante de cette assertion en ce que les dernières élections n'ont point envoyé à la chambre cinq députés légitimistes.

Il y a presque identité d'intérêts, de sentiments et de position entre le million de citoyens dont nous avons parlé et les quatre millions de la seconde classe.

L'influence de la presse périodique et non périodique sur les dix vingt-quatrièmes de la troisième classe qui savent lire, et l'action de ceux-ci sur le reste de cette classe qui ne sait pas lire, l'amour inné de l'indépendance permettent raisonnablement de la considérer dans son entier comme opposée aux priviléges et vouée aux principes de liberté et d'égalité qu'elle respire et suce, pour ainsi dire, depuis quarante ans. Combien de fois, en effet, les légitimistes ne se sont-ils pas plaints que la démocratie les débordait de toutes parts?

On dira peut-être que si cette masse est, en effet, peu favorablement disposée à l'égard des prétentions absolutistes, il n'en est pas de même à l'égard des opinions républicaines qui sont de nature à flatter sa vanité? En réponse, nous en appelons aux faits; ils nous ont appris que si les émeutes ont été circonscrites dans des bornes aussi étroites que celles où elles se sont éteintes, c'est que derrière elles ne se trouvait pas la majorité de la France, dont l'opinion n'est pas républicaine.

Troisième question. *Quel est l'esprit des classes illettrées de la société française?*

Qu'on ne s'y trompe pas : cette masse de vingt-quatre millions de citoyens dans laquelle on trouve beaucoup moins d'individus qui sachent lire et écrire, qu'on n'en compte, proportion gardée, dans plusieurs états de l'Europe, est loin d'être inférieure à ces dernières en véritable instruction et en raison. Elle est illettrée, mais non ignorante. Ceci s'explique par l'éducation générale qu'un pays se donne à lui-même. Notre langue, notre littérature, notre théâtre, notre chaire, nos arts, le retour et le domicile dans leurs foyers de nos vieux soldats instruits à l'école des choses et des événements, ont répandu de proche en proche chez toutes les classes de citoyens un bon sens, un tact, une politesse, une gaîté, un esprit d'humanité qui ne se trouvent point ailleurs. Parlez à gens ainsi préparés de revenir à l'ancien régime, ils vous riront au nez s'ils ne font encore pis; parlez-leur de mettre la France en république, l'expérience du passé reviendra aussitôt à leur mémoire, un instinct secret les avertira qu'une nation de trente millions d'hommes ne peut faire ses

2

affaires que par des mandataires, et qu'il lui faut unité de direction; ils se douteront que les ardents apôtres du républicanisme n'invitent tant le peuple à se gouverner lui-même que pour en être les conseillers et les gouverneurs.

QUATRIÈME QUESTION. *Quel est le nombre approximatif d'individus appartenant à chaque classe d'opinions?*

Ayant à présent les données suffisantes pour établir le nombre approximatif des Français qui veulent le gouvernement que nous a donné la révolution de juillet, nous pouvons en présenter le tableau. Les femmes et les enfants y seront compris, parce qu'ils contribuent à former l'opinion générale, à motiver, à faire et à maintenir les révolutions. Nous n'ignorons pas qu'on peut contester l'exactitude de chacune des catégories que nous avons établies; il suffit à nôtre dessein qu'elles soient approximativement vraies, puisque une erreur de trois ou quatre millions ne changerait essentiellement rien aux résultats.

TABLEAU

DES OPINIONS POLITIQUES EN FRANCE.

Indifférents...	500,000
Anarchistes...	50,000
Républicains-purs.....................................	30,000
Républicains-américains...............................	20,000
Républicains avec un roi-président.....................	40,000
Progressifs-imaginatifs................................	500,000
Dynastiques...	10,000
Légitimistes à droit divin.............................	800,000
Politiques-doctrinaires................................	10,000
CONSTITUTIONNELS, VOULANT LE GOUVERNEMENT DES TROIS POUVOIRS DÉMOCRATIQUE, ARISTOCRATIQUE, ROYAL, AVEC LA PLÉNITUDE DES ATTRIBUTIONS QUI APPARTIENNENT A CHACUN DE CES POUVOIRS. Ils se divisent en	
1° Constitutionnels par conviction, calcul et position....	5,000,000
2° Constitutionnels par intérêt et imitation..............	5,000,000
3° Constitutionnels par instinct, passion et persuasion....	20,000,000
Total des partisans de la Charte de 1830 dans toutes leurs nuances..	30,000,000

Que si, à ce rapport de trente millions de citoyens qui veulent la Charte à un qui ne la veut pas, vous joignez la considération que l'armée, la garde nationale, les finances, la collation des places, des honneurs et des dignités sont dans les attributions nécessaires du roi, vous conviendrez que le trône constitutionnel de Louis-Philippe a des bases plus larges et plus profondes que n'affectent de le croire ses ennemis.

CINQUIÈME QUESTION. *Quel sort présage aux journaux la nature de leurs principes ?*

Avant de répondre à cette question, nous nous livrerons à quelques considérations qui tiennent plus ou moins immédiatement à notre sujet.

Nous ferons d'abord remarquer comme une singularité, l'égalité numérique presque absolue qui existe entre les opinions extrêmes des journaux légitimistes et celles des journaux républicains qui ont, les premiers, 16,400, et les seconds, 16,300 abonnés. La *Gazette* en a 9,000, le *Courrier* 8,400, la *Quotidienne* 4,500, le *National* 4,200, le *Courrier de l'Europe* 2,000, la *Révolution* 1,700, *Figaro* 1,100, le *Corsaire* 900. Nous ne serions pas étonné qu'il existât une loi cachée qui balancerait les opinions moyennes entre deux extrêmes d'une force égale. Le républicain veut trop de liberté, le légitimiste n'en veut pas assez ; entre eux sont les constitutionnels, qui ont de leur côté le nombre et la raison. C'est eu égard à cette disposition qu'Aristote classant toutes les vertus, avait trouvé que chacune était placée entre deux vices, l'un d'excès, l'autre de défaut.

Une seconde observation est relative à la ressemblance des moyens d'attaque et de défense employés par les journaux de partis contraires, ayant chacun son antagoniste, et combattant avec des armes de même trempe. Les *Débats* et la *Gazette* manient les principes de haute politique, et s'escriment en logiciens, habiles jouteurs qui ne laissent impunie aucune faute de leur adversaire. Le *Courrier* et la *Quotidienne* sont moins soucieux de la rectitude de leur argumentation et de la bonté de leurs preuves, qu'habiles à exciter les passions de leurs lecteurs. Le *National* et le *Courrier de l'Europe* traitent tous les points de la politique indigène et étrangère et font une propagande politique; et comme en France le ridicule vaut raison, le *Corsaire* et *Figaro* en manient l'arme acérée, qui semble s'être alourdie et usée entre leurs mains. Le *Constitutionnel* n'a point de pendant parmi les journaux du parti absolutiste, parce que sans doute ce parti n'a ni peuple ni classe moyenne pour lesquels écrit le *Constitutionnel*. S'il comprend sa position, s'il soigne sa rédaction, s'il fortifie ses articles de politique, de littérature et de philosophie pour les mettre au-dessus du niveau du commun des esprits dont il a puissamment contribué à faire l'éducation (1); s'il a un système décidé qui ne reconnaisse la liberté que dans la Charte, il pourra espérer de conserver et d'augmenter sa clientèle.

Une chose à remarquer est encore la correspondance d'action des partis extrêmes, que l'instinct de leur propre conservation réunit contre les mêmes ennemis, et qui ne se réfutent jamais mieux les uns les autres que par leur accord, car deux opinions excessives opposées ne peuvent s'accorder qu'en ce qu'elles répugnent également à la vérité. Avez-vous été toute votre vie partisan d'une sage liberté, mais par amour pour elle en cherchez-vous le maintien dans la Charte de 1830, prenez garde, la *Quotidienne* et la *Tribune* vous feront aussi peu grace l'une que l'autre, et vous serez pour toutes les deux (*horresco referens!*) un homme

---

(1) Si le *Journal des Connaissances utiles* continue à s'améliorer, il aura dans dix ans changé la *face obscure* de la France, et introduit la lumière dans la masse de nos seize millions d'illettrés.

du juste milieu, un ventru, que sais-je? un doctrinaire. Concevez tout ce que ces mots renferment d'accablant, d'irrésistible et profonde logique!

Jusqu'à présent nous avons estimé la force des partis par le nombre et l'influence des individus qui les composent; calculons maintenant les chances de leurs succès futurs par les principes qu'ils professent.

Les *Débats*, le *Constitutionnel*, le *Temps*, le *Commerce*, le *Messager* veulent la monarchie représentative et la Charte de 1830. Ils ne diffèrent entre eux que par des nuances d'opinion. Hostiles au ministère, ils ne font pas la guerre au gouvernement. Les eaux d'un même fleuve ne sont pas identiquement les mêmes; il suffit, pour qu'elles remplissent leur destination, qu'elles aillent ensemble vers un but commun.

La *Gazette*, le plus habile des journaux légitimistes, nous traite comme si nous avions perdu la mémoire de ses antécédents; elle fait semblant de vouloir tout de bon la liberté, et pour nous la donner elle réclame le vote universel et la réunion des anciens états-généraux, demandant ainsi à faire la contre-révolution d'un seul coup, et à sauter au milieu de l'ancien régime d'un plein saut. Elle veut des lois

FIXES ET FONDAMENTALES et un 'roi armé du POUVOIR CONSTITUANT, aussi inconséquente que ceux qui demandent un TRÔNE RÉPUBLICAIN.

HORS DE L'HÉRÉDITÉ DYNASTIQUE ET LE DROIT DIVIN, POINT DE SALUT POLITIQUE : tel est le symbole de la *Quotidienne*, vieille du moyen âge engendrée dans notre siècle.

Le *Courrier*, que l'amour de la liberté rendit parjure *in petto* pendant nos quinze années de restauration (*splendide mendax!*), agite sans cesse les couleurs de son pavillon pour qu'on ne les distingue pas nettement. Il ne craint pas de paraître soutenir ce qu'il désire abattre; le point est de parvenir à l'abattre; pour cela tous moyens sont bons, *dolus an virtus*. Il a puissamment contribué à détruire la pairie héréditaire; c'est à présent le tour de la royauté, et, on peut le présumer, de la pairie viagère.

Avec l'audace, et nous le croyons, la bonne foi et la conviction de la jeunesse, la *Tribune*, prête à mettre son courage au service de ses opinions, appelle franchement la république. Elle fait flamboyer l'épée de Marat et de Robespierre, reniant, il est vrai, leurs forfaits, mais sans rassurer personne, chacun sachant bien que les révolutions font toujours plus et autre chose que ce que se proposent les chefs. Dans les invectives et les odieuses insinuations

qui remplissent ses colonnes, il y a autre chose
que manque de respect envers ce qu'il n'est
pas permis d'insulter; il y a manque d'égards
et de savoir-vivre envers l'universalité de ses
concitoyens dont il ne lui est pas permis d'of-
fenser les croyances. Que dirait-elle d'un pro-
testant qui insulterait grossièrement au culte
catholique? Il y a dans ses lignes tant de haine
et tant de venin que nous croyons qu'elle est
inspirée (ce qui a lieu pour d'autres journaux)
par une autre ame que celle de ses rédacteurs.

Le *National* déploie hardiment, et assure
presque à coups de canon son pavillon amé-
ricain. Mais les talents et l'audace de ses rédacteurs ne feront jamais croire à la France
qu'avec ses mœurs et sa position géographique
elle puisse, sans bouleverser de fond en com-
ble elle et l'Europe entière, se réunir tous les
quatre ans pour élire ses mandataires aux deux
chambres, ses ministres et son président, et
les surveiller et gouverner à chaque heure du
jour. Le parti du *National* a l'avantage d'être
personnifié dans un illustre citoyen à qui les
événements n'ont pas manqué. « J'ai eu, disait
« M. de Lafayette à M. Morris, le commande-
« ment de cent mille hommes; j'ai conduit le
« roi à travers les rues de la capitale, prescri-
« vant les degrés d'applaudissements qu'il de-

« vait recevoir, et maître de sa liberté... » Aux premiers jours d'août 1830, il écrivait à sir Charles et à lady Morgan : « Je vois avec plai- « sir que vous approuvez la résolution prise « par nous autres républicains, de concourir « à l'érection d'un trône populaire, en l'amal- « gamant à des institutions républicaines. Le « choix du prince et de la famille est excellent. » Ses amis du *National* affirment que, lors de la révolution de juillet, il était le Représentant de la France, et qu'il a fait la Charte de l'Hôtel- de-Ville, et Louis-Philippe roi. Mais, pour mener une œuvre à fin, qu'espérer de celui à qui deux révolutions ont, pour ainsi dire, passé entre les jambes et au-dessus de la tête, et n'ont fait qu'inspirer l'ambition d'amalgamer ce qui est inamalgamable, le trône et la république?

SIXIÈME QUESTION. *Quels sont les moyens d'ac- tion du gouvernement sur l'esprit public ?*

D'après ce qui précède on voit combien peu de succès doivent espérer les opinions contrai- res au gouvernement, surtout s'il s'attache à connaître et à satisfaire les besoins du plus grand nombre. Il ne s'agit pas de lui demander l'impossible et l'injuste, de créer, par exem- ple, d'un coup de baguette, des capitaux suffisants à nous rendre tous riches, ni de sacrifier aux *prolétaires*, ainsi que le demande un journal, *l'Aristocratie bourgeoise* (1), aristocratie à moins de dix sous par jour pour chaque individu! mais ce qu'il peut et ce qu'il doit, est :

1° FAIRE TOUTES LES ÉCONOMIES QUI NE NUISENT PAS AU SERVICE PUBLIC.

2° RÉPARTIR LES IMPÔTS AVEC ÉQUITÉ; ET L'ÉQUITÉ EXIGE ICI IMPÉRIEUSEMENT QU'AVANT TOUT ON MÉNAGE LE PAUVRE.

3° OUVRIR AU COMMERCE ÉTRANGER DE NOMBREUX DÉBOUCHÉS, EN ENTRETENANT DES RAPPORTS D'AMITIÉ AVEC LES DIVERS GOUVERNEMENTS.

4° OUVRIR AU COMMERCE INTÉRIEUR DE NOUVELLES VOIES DE CIRCULATION, SANS NÉGLIGER DE TENIR LES ANCIENNES DANS LE MEILLEUR ÉTAT.

5° PROCURER DU TRAVAIL A CEUX QUI EN MANQUENT.

6° FAVORISER TOUTES LES ASSOCIATIONS AGRICOLES, MANUFACTURIÈRES ET INDUSTRIELLES, PROPRES A REDOUBLER L'ACTIVITÉ DU TRAVAIL SOCIAL.

7° ÉTENDRE A TOUTE LA FRANCE LES BIENFAITS DE L'INSTRUCTION ET DE L'ÉDUCATION, ET, POUR CELA, AVOIR UN SYSTÈME DE POLITIQUE,

(1) Voyez, dans la *Revue encyclopédique* du mois d'août, un article de M. Pierre Leroux, plein d'ailleurs de vues saines et profondes sur l'état actuel de la société française.

DE LÉGISLATION ET DE MORALE BASÉ SUR LE PRINCIPE ÉVANGÉLIQUE AIME DIEU ET LE PRO-CHAIN.

8° MAINTENIR LA SÉCURITÉ ET LA CONFIANCE, EN FAISANT OBSERVER LES LOIS SANS ACCEPTION DE PERSONNES ET DE PARTIS.

9° GOUVERNER AVEC FORCE, SAGESSE, FRANCHISE ET DIGNITÉ.

En tenant imperturbablement cette ligne, le gouvernement ne tardera pas à réunir toutes les opinions dans celle des CONSTITU-TIONNELS QUI VEULENT LE GOUVERNE-MENT DES TROIS POUVOIRS DÉMOCRA-TIQUE, ARISTOCRATIQUE, ROYAL, AVEC LES ATTRIBUTIONS QUI APPARTIENNENT A CHACUN DE CES POUVOIRS.

Puissent aussi MM. les Députés et MM. les Pairs qu'anime, on ne peut en douter, un sincère patriotisme, sacrifiant à la sagesse et à la concorde quelques idées particulières, donner l'exemple de cette fusion d'opinions dans LE PRINCIPE D'UNE ROYAUTÉ FORTE, ET DE L'INDÉPENDANCE DES DEUX CHAMBRES! Que de gloire il en résulterait pour eux! que de force, que de bonheur pour la France!

Dachstein, départ. du Bas-Rhin, 20 octobre 1832.

TABLE DES MATIÈRES.

FIN DE LA TABLE DES MATIÈRES.